DEMOCRACIA:

¿REALIDAD O FORMULISMO?

DEMOCRACIA:
¿REALIDAD O FORMULISMO?

La Democracia real es la única
esperanza de los pueblos oprimidos

FÉLIX OVIDIO CUBÍAS

Número de Control de la Biblioteca del Congreso de EE. UU.:   2019915912
ISBN: Tapa Dura   978-1-5065-3042-0
                 Tapa Blanda   978-1-5065-3041-3
                 Libro Electrónico   978-1-5065-3040-6

Para realizar pedidos de este libro, contacte con:
Palibrio
1663 Liberty Drive, Suite 200
Bloomington, IN 47403
Gratis desde EE. UU. al 877.407.5847
Gratis desde México al 01.800.288.2243
Gratis desde España al 900.866.949
Desde otro país al +1.812.671.9757
Fax: 01.812.355.1576
ventas@palibrio.com
804177

ÍNDICE

I. OBJETIVO

Contribuir en el análisis de un tema tan importante y profundo, con las sociedades, para esclarecer a las generaciones presentes y futuras la ruta histórica que deben seguir.

II. FINALIDAD

La finalidad del Libro "Democracia: ¿Realidad o Formulismo?, es contar con un instrumento teórico, ideológico, político e histórico para la capacitación de las nuevas generaciones y la formación general de los lectores en el mundo.

A. DEDICATORIA

Después de muchos años de batallar constante en las lides del periodismo escrito, corono con esta obra un deseo y una obsesión por analizar el tema de la democracia que hoy como un libro, dedico a mi familia y los pueblos del mundo.

B. AGRADECIMIENTO

Deseo expresar mi agradecimiento por la edición de Democracia: ¿Realidad o Formulismo? a la Licenciada en Periodismo, Hondureña Brenda Murphy. Sin su valiosa colaboración no hubiera sido posible la edición de este libro.

C. PRÓLOGO

En el transcurso de su desarrollo humano, el autor de este libro, periodista y escritor Félix Ovidio Cubías, siempre abrazó las ideas democráticas y progresistas por las que ha sido objeto de persecución, encierro y exilio. Consecuencia de estas luchas, en el marco de la sociedad hondureña, es el resultado de su pensamiento libre y apegado al pueblo, en contra de las dictaduras y el pensamiento anquilosado de los enemigos del progreso.

A sabiendas de las dificultades que conlleva el análisis del concepto democracia, se aventura, a lo largo de cada capítulo de la obra, a desentrañar con claridad y rigurosidad científica, el concepto utilizado por toda la humanidad y que tiene su origen en Grecia.

Su análisis, lo ha llevado a estudiar infinidad de libros, documentos, y hechos que lo auxiliaron para salir airoso en la investigación de un tema tan sugestivo y complejo.

Democracia: ¿Realidad o Formalismo?, al estudiarlo, se convierte en un texto de consulta para las nuevas generaciones que viven en sociedades y situaciones turbulentas.

El desarrollo de cada capítulo constituye un cúmulo de conocimientos políticos y sociológicos que los jóvenes estarán en capacidad de utilizar como un material de referencia en posteriores análisis sobre el mismo tema.

Para los que desconocen los mecanismos y metodología en la escritura de un libro, aclaramos, que su realización implica mucho tiempo, esfuerzos, sacrificios, desvelos y la observación con ojo de águila de los acontecimientos que suceden en el accionar constante del país y del mundo.

Los criterios que expone el autor, pueden ser bien o mal recibidos, dependiendo del acervo cultural del lector, y de su concepción política ideológica, pero, sin lugar a dudas, las críticas serán aceptadas positivamente.

Este libro, tiene una importante actualidad por el momento que se vive en el mundo de confrontación y polémica abierta sobre la verdadera concepción de la democracia y no la que utiliza diariamente el grupo de poder. De cualquier manera, respetando las distintas maneras de enjuiciar la categoría democracia, esperamos que esta publicación sirva para aclarar criterios y puntos de vista. A nuestro juicio este aporte intelectual debe servir para la consolidación del pensamiento de las nuevas generaciones.

D. PALABRAS DEL AUTOR

Siempre fue mi deseo entrañable, escribir y publicar un libro, acerca de la democracia. Esto es así, porque mi origen es humilde y popular, y, desde pequeño, presencié los ultrajes por los dictadores de todo matiz.

Con el mismo, pretendo colaborar en el entendimiento y precisión del término en vista que todos hablamos DEL PODER DEL PUEBLO, pero no se practica en la realidad de la vida social, el contenido profundo del concepto, que surgió con los filósofos griegos.

Al mismo tiempo, deseo influir en la nueva generación que, a mí ver, no está salpicada de corrupción ni de criterios dictatoriales y que necesitan de fuentes científicas para nutrir su intelecto.

La mejor forma de ser un demócrata es respetando y practicando sus conceptos que no son unilaterales sino que se mueven en un plano universal.

Agradezco a los verdaderos demócratas de mi patria y del universo que, con su ejemplo, me enseñaron a transitar los caminos socialismo, el progreso, la paz y la democracia.

E. INTRODUCCIÓN

Definición de la Democracia

El concepto democracia es quizá el vocablo más utilizado por la humanidad cuando abordamos el tema político. La palabra tiene relación directa en sus orígenes griegos con EL PODER DEL PUEBLO.

En todas las épocas, cada clase o capa social, la utiliza a su manera y de acuerdo con sus conveniencias e intereses. La burguesía, para el caso, habla de la democracia entendiendo por ella la libertad de explotar el trabajo ajeno por ser el propietario de los medios fundamentales de producción.

Los terratenientes consideran, por otra parte, que es la libertad de poseer la mayor cantidad de tierras para lograr con la fuerza de trabajo de los campesinos, la Renta del Suelo. La clase obrera y los campesinos tienen otra visión, ligada directamente con sus derechos laborales, facilidades y condiciones para llevar una vida digna.

Por esta diversidad de criterios que existen alrededor de esta categoría político histórica, es que se necesita remontarnos a los orígenes griegos de la palabra, tan manoseada y usada en las distintas épocas humanas.

También, por ello, nos referimos a la democracia burguesa y socialista porque en cada una de estas formaciones económicas sociales se practicó y se practica lo que hoy entendemos por el término democracia. En el primer capítulo, se hace una referencia histórica de lo que entendían los filósofos griegos sobre la democracia.

En el transcurso de los siguientes capítulos, se analiza la democracia en el socialismo, en el capitalismo, en la era del neoliberalismo y la globalización y como se le adaptan adjetivos al concepto, como el de democracia popular, democracia participativa, democracia electoral que es el concepto que más se utiliza.

Para la conceptualización se analizó a fondo el criterio de Marx, Lenin, Sartori y los politólogos contemporáneos que, por todos los medios tratan de presentar al capitalismo como el non plus ultra de la práctica democrática.

CAPÍTULO 1

Criterio Teórico e Histórico de Democracia

La Democracia de los Antiguos Griegos.

El término Democracia, se refiere al "demos-kratos" (demoskratos: demos = pueblo kratos=gobierno o gobierno del pueblo). La democracia floreció en la Antigua Grecia, específicamente en la Atenas del siglo V, A.C (el siglo de Pericles). Por ello se le denomina frecuentemente como democracia ateniense. Tuvo una vida corta, pues acabó al finalizar la Guerra del Peloponeso contra Esparta, en la que perdiera Atenas.

1. La Democracia en Atenas

El "Gobierno del Pueblo" en Atenas, consistía en una asamblea de todos los ciudadanos libres que elegía cada año a 10 estrategas (o generales), uno por cada una de las 10 tribus ciudadanas. Los estrategas tenían a su cargo preparar las expediciones de guerra, recibir a los enviados de los demás pueblos y dirigir la política. Tenían derecho al voto los varones libres mayores de 18 años.

El gobernante más famoso de Atenas fue Pericles, nombrado estratega en el año 445 A.C, cargo en que se mantuvo hasta su muerte en el 429 A.C, siempre por elección popular de la Asamblea. El líder ateniense murió, como muchos ciudadanos por la peste, que atacó la ciudad-estado cuando la asediaba el ejército espartano. El Pueblo soberano se gobernaba a sí mismo, sin intermediarios, decidiendo los asuntos de Estado en la Asamblea. Los ciudadanos atenienses libres sólo debían obediencia a sus leyes y respeto a sus dioses. Tenían igualdad de palabra en la Asamblea; lo mismo valía la de un rico que la de un menos rico. No desaparecieron las clases sensoriales pero su poder fue más limitado; repartían los cargos fiscales y militares, pero ya no tenían el poder de distribuir los privilegios.

Como ejemplo, el tribunal estaba constituido por 400 personas escogidas aleatoriamente. El principio de igualdad otorgado a todos los ciudadanos tenía peligros, pues la mayor parte del tiempo estaban ejerciendo un cargo público con problemas para ejercer su oficio o profesión, lo que les hubiera vuelto pobres, salvo que dejasen de ejercer sus derechos políticos para consagrarse a los cargos. Para evitar esto, la democracia ateniense se aplicó la tarea de ayudar a los más pobres de esta manera:

- Concesión de salarios a los funcionarios públicos.
- Buscar y proporcionar trabajo a los pobres.
- Otorgar tierras a los campesinos desposeídos.
- Asistencia pública para los inválidos, huérfanos e indigentes.
- Hubo otras ayudas sociales más.

2. Las Instituciones Gubernamentales

2.1. Los Magistrados

Los magistrados eran aquellas personas que ocupaban un cargo público, aquellos que formaban la administración del Estado; estaban sometidos a un riguroso control popular. Los magistrados eran elegidos a suerte, por el sistema de las habas. Se disponía de unas habas blancas y otras negras y según el haba que la persona sacase de la caja así obtenía o no el cargo. Era una forma de eliminar toda influencia de las personas ricas y las posibles intrigas. Sólo había dos cargos que no eran elegidos por este sistema, sino que los elegía la Asamblea del Pueblo: el de estratega (general) y el de magistrado de las finanzas. Se suponía que para ejercer estos dos cargos había que tener unas determinadas e importantes cualidades. Los cargos de los magistrados no duraban más de un año en la misma persona, incluidos los estrategas, por eso el nombramiento de Pericles año tras año constituye una excepción. Al cabo del año cada magistrado tenía que dar cuentas de su administración y en qué estado quedaba el patrimonio.

Los magistrados más honorables eran los antiguos arcontes, que en el pasado fueron los jefes de la ciudad ateniense y que en el siglo de Pericles perdieron su gran influencia y poder. Eran quienes presidían los tribunales. Los estrategas (generales) fueron los magistrados más importantes por su labor como militares, marinos y diplomáticos. Los elegía siempre la Asamblea del Pueblo en número de 10. Había también más de 40 funcionarios de la hacienda, y más de 60 policías encargados de la vigilancia de las calles, del mercado, de las pesas y medidas y de verificar los arrestos y las ejecuciones.

2.2. La Asamblea del Pueblo o Eclesia

La Asamblea (en griego decían ekklhsia, es decir, asamblea por convocación), fue el primer órgano de la democracia. En teoría se debían reunir en asamblea todos los ciudadanos de Atenas, pero el número máximo que se llego a congregar se estima que fue de 6,000 participantes. El lugar de reunión era en un espacio situado en la colina llamada Pnyx, frente a la acrópolis. Las sesiones duraban a veces desde el amanecer al atardecer. Se reunían con una frecuencia de 4 veces al año.

La Asamblea decidía las leyes y los decretos que eran propuestos, pero apoyándose siempre en las leyes antiguas que llevaban un buen tiempo en vigor. Los proyectos de ley se votaban en dos etapas; primero decidía la propia Asamblea y después el Consejo o Bulé, que era quien definitivamente daba el visto bueno.

2.3. El Consejo o Bulé

El Consejo o Bulé estaba formado por 500 miembros mayores de 30 años, 50 por cada una de las tribus. Estas personas eran elegidas anualmente, sacando sus nombres a suerte, por el sistema de las habas descrito anteriormente, de ahí que se le diera familiarmente el nombre de consejeros del haba; oficialmente eran conocidos como Prytanes (πrutaniV, que significa jefe o maestro). Los consejeros examinaban y estudiaban los proyectos de ley y, además vigilaban a los magistrados y se ocupaban de que los detalles de la administración cotidiana fueran por el buen camino, así como de los asuntos exteriores. Este organismo era como una prolongación de la Asamblea, pero se reunía diariamente.

Se reunían también en la colina PNYX, en un lugar expresamente preparado para el evento. Los 50 pritanes en ejercicio se colocaban en unas gradas talladas en las rocas. Había dos plataformas de piedra a las que se accedía por medio de una pequeña escalinata de tres peldaños. En la primera plataforma se situaban los secretarios y amanuenses. En la segunda se encaramaba el orador.

3. El Fin de la Democracia Griega

Durante la Democracia, Atenas vivió su mayor esplendor. Sin embargo, la Democracia llegó pronto a su final. Las dos ciudades estados más grandes de Grecia: Esparta y Atenas se declararon la guerra. Atenas se había aliado a una cierta cantidad de ciudades del mar Egeo, que tenían que pagarle tributo. Esparta usó esto como pretexto y declaró la guerra. Atenas quedó sitiada, y la salubridad dentro de la ciudad decayó rápidamente. La peste asoló Atenas, y entre los muchos muertos, estuvo Pericles.

Tras la derrota de Atenas, la democracia directa es muy rara, sin embargo todavía puede verse en poblaciones pequeñas, como en España en la que hay municipios con Concejo abierto, pero es muy difícil de implantar en poblaciones más grandes porque exige mucho tiempo para gobernarse y deja poco para trabajar.

La democracia ateniense ha sido considerada a menudo, de forma un tanto romántica, como perfecta, pero la realidad es que solamente una parte pequeña de la población (alrededor de un 10%), tenía derechos políticos. Esa parte podía permitirse el lujo de dedicar el tiempo a "gobernarse", mientras el trabajo lo realizaban obreros sin derechos y esclavos, que ni siquiera tenían posibilidad de elegir a sus representantes. Ello no quita la grandeza a esta democracia, pues el control sobre el gobernante o gobernantes no había existido previamente en ningún otro sistema social.

CAPÍTULO 2

Experiencias Democráticas

Históricamente, en la región se ha dado una relación deficiente entre estado y mercado por una parte y el estado y los ciudadanos por otra, traducido en una erosión de las posibilidades de un desarrollo sustentable y equitativo. El diagnostico histórico reconoce la existencia con algunas diferencias entre los países de un "déficit democrático", que en ocasiones se ha expresado en fenómenos de autoritarismo, clientelismo, populismo, corrupción y captura de las instituciones y además políticas públicas por intereses particulares que han conducido las intervenciones estatales que desincentivan el mercado y son promotoras de la especulación.

En general en lo que respecta al medio siglo que precede al fin de la guerra fría, la historia política y económica de la región, había sido la de una ausencia de consenso en cuanto al paradigma estado-mercado. Esa situación parecía haber cambiado en la etapa inmediatamente posterior al fin de la guerra Fría, en que pareció instalarse un amplio consenso en torno a la democracia liberal, economía de mercado y la globalización como hemos señalado anteriormente.

Hoy la región presenta un cuadro más heterogéneo, desde el punto de vista estructural y político que el sugerido por la simplificación, de derecha – izquierda, autoritarismo, democracia, modernización, atraso político, populismo-ortodoxia. No se ven ahora, las repeticiones del populismo económico de los años 60, 70 y 80's, en términos generales de las reglas macroeconómicas con la sola excepción de Venezuela.

De hecho, hoy existen asomos de gobiernos democráticos de izquierda y derecha, de perfil populista. Existen gobiernos de izquierda firmemente institucionales desde el punto de vista democrático liberal y de la economía de mercado como los casos de Uruguay y México y así como también los hay de derecha como Brasil, Chile, Colombia, Argentina, Ecuador y Paraguay y Honduras.

La gran heterogeneidad a la que nos hemos referido no impide atisbar que el futuro democrático de la región se definirá entre dos visiones ideológicas contrapuestas que tienen cierta familiaridad pero que nos iguales a las que antes se definían como la izquierda y la derecha.

CAPÍTULO 3

Democracia Incluyente y desarrollo humano

Al reflexionar sobre la democracia, surge una discusión acerca de los elementos fundamentales que la constituyen. Por un lado existen teóricos que resaltan la presencia de valores ideales como los elementos más distintivos de la misma. Sin embargo esos ideales nos colocan en un mundo no empírico que es muy difícil fundamentar y por otra parte son inalcanzables por lo que se dice que la democracia posee elementos utópicos y consecuentemente se presenta como un proceso continuo y permanente que nunca se logrará construir.

Existe una tercera posición que sería como una conciliación entre los dos enfoques anteriores que serian la combinación de elementos reales e ideales que a nuestro juicio lo correcto sería analizar y profundizar para concebir lo que es verdaderamente una sociedad democrática. La democracia hay que concebirla como la capacidad de inclusión de todos los sectores basada en el principio de que el poder político se comparte y se distribuye de diferentes formas para proteger a las minorías y garantizar la participación y la libre expresión de todos los ciudadanos profundizando en la calidad de la misma. Lo mejor de las democracias es que solo pueden sostenerse mediante su crítica y perfeccionamiento permanente.

Los estudios de opinión sobre la democracia muestran que la ciudadanía la valora sobremanera como un régimen político pero es extremadamente crítica hacia lo que tenemos que es muy débil y frágil. Las democracias latinoamericanas solo pueden avanzar y sostenerse encarando exitosamente no solo en crecimiento firme y sostenido sino también la universalización de la ciudadanía mediante la erradicación de la pobreza y el avance de la equidad y nada de esto puede tener lugar sin políticas determinadas para generalizar el acceso a las sociedades de la información y el conocimiento. Otro vínculo conceptual y práctico con la democracia son los derechos humanos. Esto significa velar por la libertad, el bienestar y la dignidad de todos en cualquier parte del planeta. Pero sobre todo no hay democracia sin política y políticos democráticos y como esto es muy importante no se puede dejar solo. No puede haber una democracia consolidada y en permanente perfección sin una cultura cívica y la construcción de la misma es tarea de todos es decir, la ciudadanía.

CAPÍTULO 4

La democracia en los países de América Latina

En los distintos países de América Latina donde más se habla de democracia y donde más se violentan sus preceptos, los diferentes gobiernos de los países latinoamericanos siempre hablan de democracia aunque su práctica sea dictatorial y sola cumplen con un precepto de la democracia. Los procesos electorales que por lo general son fraudulentos en países como Honduras, Brasil, Ecuador, Paraguay y Argentina, tienen en común que los pueblos aún creen en la democracia, pero como ya hemos dicho, esta solo se cumple con la participación de todos los partidos en los procesos electorales y con el funcionamiento de los tres poderes del Estado, Ejecutivo, Legislativo y Judicial.

En América Latina existen países desarrollados entre ellos tenemos, México, Argentina, Brasil, Chile, Uruguay, Venezuela y Colombia, el resto los podemos considerar como países de débil desarrollo. México es el país donde la democracia burguesa en cierto modo ha estado vigente después de la revolución agraria, el sistema de partidos ha cumplido su papel manteniendo una situación social de progreso y de paz, cumpliendo con la política de la auto determinación de los pueblos, sin inmiscuirse en los asuntos internos de los demás países. Podemos decir que en este sentido México ha cumplido algunos elementos de la democracia que en la actualidad se han ampliado con el nuevo gobierno del Presidente López Obrador.

En Argentina, desde la época de Juan Domingo Perón, se conocieron muchos golpes de Estado, represión contra la oposición política y hasta hace algunos años se normalizó la situación, eligiendo gobiernos de progreso y transformación. Ahora la democracia burguesa esta en el poder, y las fuerzas reaccionarias de derecha con MACRI de PRESIDENTE, está llevando al país al caos y la pobreza, con la democracia neoliberal en práctica. Brasil se mantuvo por diez años en un status como país demócrata, pero estos gobiernos fueron depuestos, y ahora, Jair Bolsonaro representante de la derecha y del atraso esta en el poder; se puede decir que ha sido un retroceso de la democracia.

En Chile, la democracia que practicaba Salvador Allende fue violentada por un cruento golpe de Estado, encabezado por el General Augusto Pinochet, donde fueron asesinados miles de chilenos, este régimen represor fue depuesto y desde entonces se practican elecciones libres y democráticas bajo el sistema neoliberal. En Uruguay después de gobiernos represivos, últimamente se practican algunos elementos de la democracia, saludables para el pueblo Uruguayo. En Venezuela, la revolución bolivariana bajo la dirección del Comandante Hugo Rafael Chávez Frías, tiro por la borda todos los aspectos dictatoriales de los gobiernos anteriores caracterizados por la violación de la Constitución y se instauro un gobierno popular que ha venido luchando por el cambio, el progreso y las transformaciones que el Presidente actual Nicolás Maduro ha venido concretando. Desde luego, que la reacción interna y la externa se han organizado para hacer caer esta revolución anti-imperialista, pero el pueblo venezolano está conforme con estos cambios que han mejorado su situación social, a despecho de los reaccionarios que quieren volver a sus andadas. Hoy Venezuela, Nicaragua, Bolivia y Cuba son los abanderados de una nueva democracia al servicio de los pueblos.

Colombia se mantiene en los procesos electorales burgueses, propios del sistema. En Nicaragua, con la revolución sandinista se ha avanzado en la práctica de la democracia a diferencia de los países de Centro América donde existe un remedo de este concepto. No olvidemos que la penetración imperialista a violentado la práctica, con los golpes de Estado, Honduras en junio del 2009, pequeños grupos con fuerza política, religiosa y económicos han detentado el poder a favor de una minoría, apoyados por los ejércitos entrenados en Norte América, con estas experiencias es que podemos decir que la democracia en América Latina ha sido un fiasco, para los pueblos, y es por ello que están en busca de un cambio, por el camino de la revolución hacia el socialismo. Así pues, el concepto de la democracia en América Latina, no se ha aplicado ni en lo social ni en lo económico, solo la revolución cubana, a través de la historia ha demostrado la aplicación de la democracia real.

Esto nos da la razón para decir que, la democracia solo puede existir a plenitud después de un proceso revolucionario que termine con las estructuras anacrónicas de la Sociedad Capitalista. Mientras exista la formación social capitalista, la democracia solo será una esperanza, pues sus enemigos controlan el poder político y económico. En América Latina solo existe un país verdaderamente democrático, en donde el pueblo es el beneficiario de sus bondades y transforma las estructuras de Cuba, en los demás países no existe la democracia, o sea no es una realidad sino un formulismo, con el nombre de democracia.

CAPÍTULO 5

La Democracia en los Estados Unidos

Lo que está pasando con la democracia norteamericana no es algo ajeno a la crisis del sistema capitalista que se inició en agosto del 2008 con la llamada burbuja inmobiliaria, en el sistema financiero. La crisis se propagó en las economías de mayor desarrollo, pues experimentaban como los Estados Unidos problemas parecidos, abarcando luego al sistema capitalista en su conjunto. En el contexto de la crisis; los Estados Unidos dejaron de ser la potencia hegemónica en la economía del mundo y las guerras de agresión que han llevado a cabo contra diferentes países para sacar adelante sus intereses geopolíticos no han hecho otra cosa que profundizar ese hecho, de tal manera que el orden internacional que se construyó bajo la hegemonía norteamericana en la segunda posguerra ha entrado en crisis.

Sin subestimar el peso de su economía en el contexto internacional y el enorme poder militar en que se sustenta su influencia, cada día es más evidente que los Estados Unidos están perdiendo la capacidad de imponer sus intereses en el mundo y con la insurgencia de nuevas potencias, como China, Rusia, India, Australia, Japón, un nuevo orden internacional se viene conformando.

Esta nueva situación que expresa los cambios experimentados en la correlación de fuerzas en el orden internacional, está en el fondo de la crisis que vive la democracia norteamericana y la explicación de ese fenómeno que representa Donald Trump, cuya victoria lo fue primero sobre el liderazgo de su propio partido y luego sobre el partido demócrata. Efectivamente, la candidatura y la elección de Trump puso en jaque a los dos grandes partidos que se turnan en el poder en los Estados Unidos. Y, por otra parte, en los tres años que lleva al frente de la más grande potencia militar que ha conocido la historia de la humanidad, ha desafiado el establishment norteamericano y creado una sensación de incertidumbre en el orden internacional, amenazado por el peligro de una tercera guerra mundial.

Según el periodista James Ridway, las raíces del fenómeno se remontan a la década de los años setenta cuando una nueva derecha ultraconservadora comenzó a conformarse con el rechazo de las negociaciones para la devolución del Canal a la República de Panamá, su legítimo dueño, argumentando que había llegado el momento de actuar contra tamaño "despojo". Para Ridway, los Estados Unidos se halla empeñado en la construcción de una subcultura envuelta de una retórica de nacionalismo blanco. Demócratas y republicanos -expresa-, coinciden en el propósito de recurrir al nativismo (política migratoria que favorece a los nativos sobre los migrantes) y apoyarse en esa política para detener y deportar gente bajo reglas de inmigración desdibujadas dentro de una ideología (nacionalismo blanco, orgullo de su raza y de su herencia) que llene el hueco dejado por el anticomunismo de la guerra fría. En ese nativismo son los migrantes y las minorías los culpables de la delincuencia y del desempleo. "Hacer América grande de nuevo", expresión de Reagan hecha suya por Trump, como elemento articulador del nuevo discurso ultraconservador. En resumen: Nacionalismo y supremacía blanca.

Como es fácil comprender, se trata de una visión ultraconservadora antiglobalización, de una sociedad nacional blanca, sin migrantes, sin homosexuales, sin derechos humanos, sin integración racial, sin derechos para las mujeres, de una vuelta al pasado, que destruiría los avances en materia de garantías ciudadanas y libertades democráticas.

Algo parecido está ocurriendo en Europa donde hay un renacer del nacionalismo, el racismo, la xenofobia y otras visiones y conductas que acompañaron el fascismo. También en este continente las políticas antisociales de austeridad han deslegitimado los sistemas políticos. La ciudadanía está perdiendo el interés por la política, los partidos, la confianza del electorado y los votantes en las elecciones. Hay un malestar creciente de la población que los partidos no atienden y que debilita el sistema político y afecta la democracia.

Las falencias del sistema electoral norteamericano se han hecho más que evidentes, especialmente en lo que se refiere a las discrepancias entre la validez del voto universal y la elección final en el Colegio Electoral. El sistema tampoco ha estado exento de las prácticas fraudulentas como ocurrió con la reelección de George Busch Jr. Y el costo de las campañas ha crecido tanto que las influencias del gran capital, utilizando diversos mecanismos, terminan por imponer a los candidatos de su interés.

Son estas circunstancias las que están reduciendo la democracia "a un juego entre grupos elitistas los cuales cuentan con los recursos que les permiten participar activamente en el sistema político como lo señala Noam Chomsky en su ensayo La Quinta Libertad. Sin embargo, elementos de renovación se han puesto de manifiesto en el respaldo masivo que tuvo la candidatura de Bernie Sanders en las pasadas elecciones internas del Partido Demócrata y en los resultados de las recientes elecciones de la Cámara de Representantes y del Senado, en las que el Partido Republicano perdió el control de la primera.

CAPÍTULO 6

La Socialdemocracia: ¿Una alternativa en USA?

La socialdemocracia es una corriente ideológica y proyecto de sociedad de larga data, surgida en el siglo XIX, ligada al movimiento obrero y al marxismo, del que se aparta en lo que se refiere a la concepción materialista de la historia, la lucha de clases, la dictadura del proletariado y la extinción del Estado. De acuerdo a esta corriente de pensamiento y movimiento político la transición del capitalismo al socialismo se llevará a cabo por medios pacíficos, mediante reformas graduales de dentro del sistema y no por medios violentos encaminados a destruir el capitalismo como modo de producción. Es una propuesta teórica y práctica moderada dentro de las corrientes socialistas.

El accionar de la socialdemocracia se realiza en la búsqueda de los medios para lograr alcanzar mayores espacios de libertad, de igualdad y bienestar para la mayoría de la población, reivindicando, entre otros valores, la justicia social, la solidaridad, la responsabilidad y el humanismo.

La instauración del socialismo debe darse utilizando el Estado, sin necesidad de abolirlo, para progresivamente establecer un Estado social y democrático. El Congreso del Partido Socialdemócrata de Alemania, celebrado en Bad Godesberg en 1959, declaró la obsolescencia del marxismo y definió como objetivo humanizar el capitalismo a través de reformas del Estado. La socialdemocracia acepta la economía de mercado y la intervención del Estado solo para evitar los excesos del mismo.

En los Estados Unidos, la actual tendencia socialdemócrata que se manifiesta tanto dentro como fuera del Partido Demócrata, tiene como antecedente el agrupamiento Democratic Socialists of América (DSA) y sus raíces en la crisis de los dos partidos mayoritarios que se han turnado en el poder. Esta tendencia se hizo evidente en las pasadas elecciones en las que Bernie Sanders, demócrata independiente, puso un elemento nuevo en la política norteamericana con lo que Amy Goodman y Denis Moydihan señalaron: "logró conectarse con la población de una manera especial e inspiró a muchos y muchas a comprometerse con una mirada progresista de cara al futuro". Sanders "llevó a cabo los eventos de campaña más multitudinarios" y millones de norteamericanos votaron por él, sin que contara con el apoyo de los medios de comunicación. "Tuvimos la mala suerte –declaró posteriormente- de intentar hablar de los problemas que verdaderamente enfrenta Estados Unidos y de proponer soluciones reales". Sanders ha expresado "estar profundamente preocupado por el futuro de la democracia estadounidense".

Sin lugar a dudas que en el contexto de la situación de los Estados Unidos en el mundo y de los reales problemas del país, las millonarias campañas electorales y los discursos vacíos, la democracia electoral norteamericana necesita renovarse, pues las promesas incumplidas han producido niveles de frustración crecientes que vuelven al sistema político cada vez menos creíble para los fines de gobernabilidad.

No es casual en tales condiciones que la membrecía del DSA creciera en la pasada campaña alcanzando la cifra de 55 mil miembros, que se abrieran espacios para la juventud y representantes de tendencias progresistas.

La socialdemocracia podría ser en estas condiciones una salida que oxigene a los demócratas norteamericanos.

CAPÍTULO 7

La Democracia en los países de Europa

En los países europeos es donde la democracia se ha abierto camino a través de profundas y grandes luchas, contra la dictadura y el fascismo. Además, recordemos que en estos países se dieron la primera y segunda guerra mundial que cobro millones de victimas, paralelamente es en el continente europeo, donde por primera vez surgen las revoluciones socialistas y se crea un bloque económico, político e ideológico que se contrapuso al dominio del capitalismo mundial, aquí se contrapusieron dos tipos de democracia, la burguesa y la socialista. Cada país europeo lucho y lucha por construir la democracia que beneficie a los pueblos.

En Europa es donde la democracia burguesa se ha practicado con muchos elementos, como las libertades públicas, derecho electoral y el respeto de la vida humana. Las revoluciones socialistas se dan precisamente para conseguir el pleno beneficio de la democracia, a diferencia de los Estados Unidos y países latinoamericanos, los europeos si han respetado los conceptos democráticos, aunque por supuesto, la burguesía es la que determina al fin y al cabo el contenido de la democracia. El fascismo de Alemania e Italia, surgió precisamente para detener los procesos democráticos que daban beneficios a los pueblos. Pero, aun con lo violento del fascismo los pueblos no se atemorizaron y siempre defendieron la democracia aun a costa de su vida, seis millones de seres humanos murieron en los distintos países europeos alzando la bandera de la democracia, en contra de la dictadura fascista, siendo España y Portugal los últimos países que se liberaron de la dictadura Fascista.

Independientemente del desarrollo desigual de estos países porque hay unos más desarrollados que otros, la democracia fue el objeto principal de la lucha de todos estos pueblos. De cualquier manera los distintos países europeos viven en condiciones democráticas independientemente del régimen social que tenga. El desarrollo de la democracia en el continente europeo ha llegado a tal grado que los países buscan la unión económica y la política para favorecer el comercio y sus economías. De esta manera se ha llegado a la creación de la Unión Europea, con resultados positivos para cada una de estas naciones pequeñas, la necesidad impone la unificación de todos estos estados para desarrollar mejor sus economías, que si lo hicieran por sus propias fuerzas. Pero, aunque las necesidades económicas y políticas lo señalen, los criterios nacionales y locales de cada pueblo se oponen a la unificación. De cualquier manera, se ha logrado en muchos aspectos al margen de las discrepancias surgida con Grecia, Inglaterra e Irlanda del Norte, claro está que, la Unión Europea no persigue la unidad lingüística, ni de las tradiciones de cada lugar, la unidad tiene que ver con lo económico y lo social. Por consiguiente, se ha creado la unidad monetaria con el nombre de EURO que circula en todos los países y facilita las relaciones comerciales entre todos como contraparte el imperialismo norteamericano.

Claro está que los enemigos ideológicos siempre criticaron a la democracia socialista llamándola DICTADURA, sin reconocer que ellos, se debían a la dictadura burguesa. Algunas democracias populares como Polonia, Checoslovaquia Rumania, y Yugoslavia sucumbieron ante el esfuerzo de la revolución interna y externa que instalo el capitalismo en estos países. Esto es una demostración palpable de que la democracia no es aceptada por el imperialismo y la burguesía que profesa libertad para los ricos y esclavitud para los pobres. En Europa algunos países que viven bajo la egida capitalista como los Estados Unidos y América Latina en los cuales se respetan muchos derechos que en América son irrespetables, para tener una democracia plena y completa se necesitan las revoluciones quien hagan cambios económicos, políticos y sociales y que no estén dirigidos por la burguesía, sino por las masas populares y su partido político de vanguardia, las revoluciones son los verdaderos procesos sociales que nos llevan a una verdadera democracia.

Mientras no ocurra esto, la democracia será débil y con ausencia de derechos para el pueblo. Con la caída del socialismo mundial, se vinieron abajo las democracias de los pueblos y se ha vuelto a instaurar la insipiente democracia burguesa que beneficia a la clase que determina el poder. Desde que surge la democracia en Grecia esta ha venido desarrollándose con grandes dificultades y oposiciones, de la democracia siempre se habló en el esclavismo, feudalismo, capitalismo y por último el socialismo. No es un concepto claro para todos, unos la consideran de un modo y otros de otro, según los intereses que cada quien defiende. Con altos y bajos, la Unión Europea sigue su paso desarrollando la democracia en cada país, partiendo de un principio que cuando se logra la unidad económica la democracia se desarrolla por esta razón estamos en la capacidad de decir que en los países de Europa se cumplen muchos elementos propios de la democracia a diferencia de los Estados Unidos y algunos países de América Latina.

El Concepto de democracia surgió en Europa y en Grecia y desde ese tiempo, los pueblos han venido sosteniendo por conquistas y lucha la democracia y la afianzan en cada país. Las tiranías fueron vencidas, el fascismo fue derrotado y la democracia se impuso, como una actitud de los pueblos para vivir en paz, En Europa se han dado dos tipos de democracia la democracia burguesa y la democracia socialista de la cual hablaremos en el siguiente capítulo.

CAPÍTULO 8

La Democracia en la Republica Federal Rusa

Rusia fue durante mucho tiempo un imperio que mantuvo bajo su dominio a otras naciones, una verdadera cárcel de pueblos, como se le conocía, con una sociedad asentada en el régimen de servidumbre y con un gobierno despótico, como lo fue el de los zares. Un país atrasado, desde el punto de vista del desarrollo capitalista, con una economía predominantemente campesina y una aristocracia parasitaria.

La liquidación del régimen de servidumbre en 1861 liberó el desarrollo de las fuerzas productivas en el agro y abrió las compuertas para el desarrollo del capitalismo. Aun así, después de medio siglo siguió siendo un país atrasado, con grandes supervivencias feudales y un régimen autoritario. La democracia burguesa como sistema de organización social o como forma de gobierno no tuvo en Rusia la tradición con que se dio en los países de Europa occidental y en los Estados Unidos de Norte América.

La revolución de 1917 cambió las cosas radicalmente. La caída del zarismo en el mes de febrero de ese año permitió establecer un gobierno burgués, que encabezó Kerensky, pero en octubre, bajo la conducción de los bolcheviques, el ala radical y mayoritaria del Partido Socialdemócrata de Rusia, los trabajadores tomaron el poder, estableciendo los soviet o consejos, formados por obreros, campesinos y soldados, naciendo una forma nueva de democracia, expresión concreta del poder popular.

Lenin vivió la etapa más difícil de la revolución, en la que hubo que enfrentar la intervención extranjera y la guerra civil, que agravaron todos los problemas y dificultaron la consolidación del proceso. Después de su muerte, con el estalinismo y el culto a la personalidad, la construcción del socialismo experimentó serias deformaciones que afectaron el desarrollo económico, social y cultural de la Rusia soviética. No obstante, las tendencias favorables se fortalecieron como consecuencia de la derrota del nazismo en la Segunda Guerra mundial y el papel decisivo del Ejército Rojo en el conflicto.

La invención del arma atómica, los logros en la conquista del espacio, en la educación y la cultura, el mejoramiento de las condiciones de vida del pueblo, especialmente en la salud, la educación, la vivienda, los avances en la investigación científica y el desarrollo tecnológico, el apoyo a los procesos nacionalistas, la solidaridad con los pueblos, etc. crearon la imagen de una sociedad distinta y fortalecieron la idea de que todo eso era posible gracias al socialismo, una sociedad más solidaria y más democrática.

Pero a principios de los años ochenta los ritmos del desarrollo económico comenzaron a disminuir. Aparecieron síntomas negativos que indicaban que no todo andaba bien. Y no solo en la economía, sino también en otros aspectos esenciales de la vida social. La perestroika significó una toma de conciencia de esta realidad y la búsqueda de una solución a los problemas, que significaban cambios substanciales para avanzar en la dirección del socialismo y la profundización de la democracia.

Pero las cosas evolucionaron en otra dirección y la perestroika condujo a una crisis que posibilitó la restauración del capitalismo. Los cambios operados en este sentido establecieron en un nuevo régimen político y la celebración de elecciones, con las campañas al estilo de los países occidentales, devino en el mecanismo para legitimar a los gobiernos.

Rusia es hoy una nación capitalista, una potencia militar, que juega un papel decisivo en los asuntos internacionales.

El sistema político cambio con el capitalismo. Despareció el sistema único de partidos y hoy el sistema es multipartidista. En las elecciones del 2018 participaron 8 candidatos de igual número de organizaciones políticas. La primera fuerza política es el partido de centro derecha Rusia Unida. La segunda el Partido Comunista de la República Federal, que lidera Gennady Ziuganov.

En el sistema electoral ruso existe la segunda vuelta, observadores nacionales e internacionales, los primeros avances se dan al día siguiente de las elecciones y los resultados definitivos se dan a conocer dos o tres días después. No hay candidaturas independientes ni candidaturas que no sean de partidos. La crítica que se hace al sistema electoral ruso se centra en que el sistema funciona de tal manera que los partidos menores se ven obligados a plegarse al partido de gobierno. En todo caso, el sistema electoral presenta los mismos vicios y virtudes que los del mundo occidental.

CAPÍTULO 9

La Democracia en la República Popular China

China es por su extensión territorial uno de los países más grandes del planeta, el más poblado y el de mayor desarrollo sostenido en las últimas décadas, de tal manera que se ha convertido en una potencia que ha puesto en precario la hegemonía de los Estados Unidos en la economía del mundo.

Después de un largo período de sometimiento a las potencias coloniales, China logró su total independencia en 1949, bajo la conducción del Partido Comunista, que está también al frente de la más grande transformación que ha experimentado la sociedad china a lo largo de su historia.

De un atraso milenario China pasó a ser un país en pleno desarrollo, que en pocas décadas sacó de la pobreza a una población de más de 1,250 millones de habitantes. Superadas las luchas internas de casi dos décadas, en el período de la llamada revolución cultural de los años sesenta y parte de los setenta, China se estabilizó y entró de lleno en una etapa de desarrollo acelerado que se mantiene con los más altos índices de crecimiento económico, en las condiciones de la crisis mundial del capitalismo, no ha dejado de afectarlo, por cuanto opera en el contexto de la globalización.

No obstante, sus logros en el crecimiento económico, el desarrollo científico, tecnológico y militar, que nadie se atreve a negar, China continúa siendo cuestionada en su régimen político de partido único, pues desde la perspectiva de los ideólogos del capitalismo niega la falta de libertad e irrespeta los derechos humanos. En otras palabras, por no seguir el modelo de democracia de los países occidentales.

Los ideólogos del capitalismo al analizar los problemas de la democracia en un país como China prescinden de las características propias de ese país: una historia milenaria, el atraso secular, los siglos de dominación colonial a que estuvo sometida, la división que le impusieron las potencias imperiales y los señores de la tierra, las numerosas nacionalidades y las diferencias culturales, la historia y tradiciones profundamente arraigadas en el alma de su pueblo. Características a las que habría que agregar aquellas que se desprenden de un largo proceso de luchas armadas a través del cual se fueron formando sus dirigentes, las formas del poder popular, las tradiciones de lucha, la nación y el Estado. La democracia llegó a China como producto de una profunda revolución que cambió por completo la fisonomía de una sociedad predominantemente feudal, que tuvo como antecedente la revolución democrática que dirigió Sun Yat-sen en 1911, seis años antes de la revolución democrática burguesa de Rusia en 1917.

El desarrollo de la lucha armada en China fue un largo proceso que permitió ir estableciendo en cada una de las regiones liberadas un nuevo tipo de poder, el poder popular, genuina expresión de la democracia, de nuevas formas de organización de la economía y el gobierno,

Con el triunfo de la revolución en 1949 y la unificación del país se constituye y consolida el nuevo Estado, un Estado de democracia popular, ya no burguesa. La transición al socialismo significó la implantación de nuevas formas de participación ciudadana en la toma de las grandes decisiones. La revolución de 1949 convirtió al Partido Comunista en la fuerza hegemónica de la sociedad china.

Los cambios operados en la estructura de clases de la sociedad china como consecuencia del desarrollo de su economía y de los procesos de modernización que ha experimentado, son de gran complejidad y envergadura, con grandes consecuencias en el conjunto de la sociedad.

La China moderna es producto de cambios importantes en el modelo del socialismo y de la sociedad que se conformó a partir de 1949. La experiencia soviética no se repitió en China. Entre esos cambios está la aceptación en lo económico de las reglas del mercado, pero sometido a los controles del Estado. El sistema político, sin embargo, sigue siendo el mismo en lo fundamental, donde partido y gobierno se confunden o entrelazan. En consecuencia, estas condiciones determinan los alcances de la democracia, que, como en todas partes, debe valorarse de manera integral, pues afecta a la vida de la sociedad en todos sus aspectos.

En lo que se refiere a la democracia política cabe preguntarse ¿Cómo funciona el sistema electoral en China? El propósito de las elecciones es el mismo que en los demás países del mundo. La constitución de gobiernos con la necesaria legitimidad para poder administrar los asuntos del Estado. La Asamblea Nacional Popular es el órgano legislativo supremo de la China Popular. Está formada por 2980 diputados, de los cuales 2115 son electos por el Partido Comunista y 859 por el Frente Único, lo que establece ya una diferencia grande en relación con las democracias liberales. La Asamblea Nacional Popular es un órgano unicameral fundado en 1954, elige a los integrantes de los órganos supremos, decide los asuntos importantes, supervisa los otros órganos del Estado. China está dividida en provincias, distritos y cantones, y aunque no hay sufragio universal, ni una clara separación entre gobierno y partido, el sistema es complejo pero eficiente.

En el último Congreso del Partido Comunista participaron 2000 delegados, que eligieron el Comité Central, formado por 205 miembros propietarios y 171 suplentes. El Buró Político lo constituyen 24 miembros y el Comité Permanente 7, que forman la cúpula del poder. El desarrollo económico alcanzado por China es inconcebible sin la dirección centralizada en que se sustentan. Pero esto no ha excluido los cambios operados en la gestión para ponerla a tono con el desarrollo científico y tecnológico y con las exigencias de rendición de cuentas y de transparencia.

Desde sus comienzos la revolución china transitó por una vía muy diferente a la que se había experimentado en Rusia. En este país el triunfo de la revolución fue resultado de una insurrección triunfante en las principales ciudades en la que participaron destacamentos de obreros y soldados bajo las condiciones creadas por la derrota del zarismo en la primera guerra mundial. En China la revolución comprendió un largo proceso de lucha armada, con acciones obreras en las ciudades y una fuerte base social campesina en la composición del partido y en las unidades militares.

El socialismo transitó en China por otro camino y respondiendo a la realidad y condiciones particulares del país.

La imagen de una China atrasada y enclaustrada en sí misma que se proyectó en el mundo occidental bajo las condiciones de la guerra fría, es uno de los obstáculos para entender la China actual. Pero a principios de los años setenta se produjo el viaje de Henry Kisinger a Pekin, con el propósito de crear las condiciones para la visita del presidente norteamericano Richard M. Nixon. Nixon, que había amenazado con el arma atómica, tomó conciencia de esta nueva realidad: que el mundo ya no podía prescindir de la República Popular China en la búsqueda de soluciones a los problemas de la paz.

Se confirmó entonces lo que afirmara Mao Tsetung en otro momento, que la solución de la guerra contra el pueblo de Vietnam pasaba por Pekin.

Es interesante recordar lo que escribió Nixon años después de aquella histórica visita: "Sin Mao la revolución china no hubiese llegado nunca a prender. Sin Zhou (se refiere a Zhou En-lai) hubiese ardido infructuosamente y no quedarían más que cenizas. La supervivencia y los frutos que pueda dar esa revolución están en manos de los actuales líderes chinos. Todo depende de que sean capaces, como lo fue Zhou, de ser más chinos que comunistas. En este caso, China ya no necesitará en el siglo XXI preocuparse por los soviéticos que aguardan al Norte, los indios del Sur, los japoneses y ni siquiera de los norteamericanos en el Nordeste. China, que cuenta con más de mil doscientos cincuenta millones de habitantes pertenecientes a uno de los pueblos más capacitados del mundo, y que posee enormes recursos naturales, puede llegar a convertirse no solo en uno de los países más populosos, sino también en el más poderoso".

CAPÍTULO 10

La Democracia en el Socialismo

La democracia socialista es diferente a la democracia burguesa, la democracia socialista es dirigida por el proletariado en el poder, esta democracia es del pueblo y por el pueblo, aunque no lo es para los enemigos del sistema socialista. La democracia socialista surge con el triunfo de la revolución socialista en la ex Unión Soviética dirigida por Vladimir Lenin. Por primera vez la clase obrera y el campesinado dirigidos por el partido comunista asumen el poder, y con esto empieza a practicarse la democracia socialista. Para llegar a esta situación se necesitaron cruentas batallas contra el enemigo burgués, este enemigo fue vencido y solo así pudo desarrollarse la democracia socialista.

Esta democracia significó libertades públicas para todos, como derecho al trabajo, a la educación, a la salud y a mantener una vida digna para el pueblo. Ya no se trato solo de participar en procesos electorales, sino que a darle todos los derechos a la ciudadanía. La ex Unión de Repúblicas Soviéticas Socialistas estaba formada por 15 naciones y varios territorios autónomos y en cada una de ellas se practicaron la democracia socialista, creándose con ello un país multinacional, con mucha fuerza económica y militar capaz de contraponerse al imperialismo. Pero al principio de los años 40 esta democracia fue afectada por los embates de la segunda guerra mundial dirigida por la Alemania fascista. 5 años duró esta guerra que quería terminar con el socialismo, pero que al final terminó con la derrota del fascismo por los países del campo socialista y la lucha de los pueblos ocupados. Después de la segunda guerra mundial, la democracia socialista se fue desarrollando a tal grado que Europa del centro y del este es el continente donde se hizo realidad la democracia para el beneficio de las mayorías.

Posteriormente a la democracia socialista de la URSS surgió la democracia popular en otros países europeos, creándose el socialismo en Polonia, Bulgaria, Checoslovaquia, Rumania, Yugoslavia, Albania, llamadas democracias populares, con ellos se crea el campo mundial del socialismo, como contra parte del imperialismo norteamericano. Claro esta que los enemigos ideológicos siempre criticaron a la democracia socialista llamándola dictadura; sin reconocer que ellos defendían la dictadura burguesía.

Algunas democracias populares como Polonia, Checoslovaquia, Rumania y Yugoslavia sucumbieron ante el esfuerzo de la contra revolución interna y externa, que reinstaló el capitalismo en estos países. Esto es una demostración palpable de que la democracia no es aceptada por el imperialismo y la burguesía que quieren que se mantenga la democracia burguesa, o sea, libertad para los ricos y esclavitud para los pobres. En Europa los países que viven bajo la egida capitalista, como ocurre también en Estados Unidos y América Latina, en los cuales se respetan algunos derechos, pero para tener una democracia plena y completa se necesitan las revoluciones que hagan cambios económicos, políticos y sociales, que no estén dirigidos por la burguesía sino por las masas populares y su partido político de vanguardia.

Las revoluciones son verdaderos procesos sociales que llevan a una verdadera democracia. Mientras no ocurra esto la democracia será débil, y con ausencia de derechos para el pueblo. Con la caída del campo mundial del socialismo se vino abajo las democracias de los pueblos y se ha vuelto a instaurar la democracia burguesa que beneficia a la clase que detenta el poder. Desde que surge la democracia en Grecia esta ha venido desarrollándose con grandes dificultades y oposiciones; de la democracia siempre se habló en el esclavismo, en el feudalismo, en el capitalismo y por último en el socialismo.

No es un concepto claro para todos. Unos la consideran de un modo y otros de otro, según los intereses que cada quien defiende. El concepto de poder del pueblo lo utiliza la burguesía y el proletariado, pero cada uno la interpreta de maneta diferente, porque son diferentes enfoques de clase y la democracia, a fin de cuentas, tiene carácter clasista, no es etérea ni abstracta y depende de la clase que ejerza el poder. Estas son las razones por las que existen deudas y confusiones alrededor del concepto democracia. Pero de cualquier manera aspirar a la democracia es desear la paz, el progreso y una vida mejor.

CAPÍTULO 11

La crisis de la Democracia

Como hemos señalado en otro apartado de este ensayo, no existe una sola manera de entender la democracia. Es este un concepto que como otros de la ciencia política están en el centro de un debate permanente. Los posicionamientos que se adoptan y defienden en torno a la misma reflejan diferentes perspectivas de análisis que son inseparables de los intereses de las clases sociales, de los partidos políticos y de los grupos y personalidades que se mueven en su entorno.

Una de las formas, quizá la más corriente y generalizada de entender la democracia, es verla, como un sistema de gobierno en que los ciudadanos son sujetos conscientes y activos cuyo protagonismo en la vida pública garantiza que la acción de los poderes formales esté al servicio de la ciudadanía; como una forma de organización del Estado en la cual las decisiones son adoptadas mediante mecanismos de participación que le confieren legitimidad, teniendo como característica el reconocimiento de que la soberanía reside en el pueblo y que por consiguiente el poder se legitima cuando expresa la voluntad de la mayoría.

Desde una perspectiva más amplia se puede considerar la democracia como una forma de convivencia social en que todas las personas son libres e iguales ante la ley y en que las relaciones sociales se orientan mediante mecanismos contractuales. Así entendida, la democracia necesita una clara separación entre la sociedad civil y la estructura estatal, la independencia de los poderes entre sí, el funcionamiento de todas sus instituciones y una amplia base no gubernamental. Pero la democracia no solo es un proceso de constitución del poder, sino también y sobre todo un proceso de reconstitución de la sociedad, que se realiza de manera consciente y sobre la base de procedimientos que respondan a principios de representatividad y participación.

Desde esta perspectiva nos encontramos con dos formas de democracia recogidas en la mayoría de las constituciones. La democracia indirecta o representativa en la que las decisiones son adoptadas por personas que son elegidas por los grupos como sus representantes y la democracia directa en que las decisiones son tomadas sin mediación alguna por los miembros de la colectividad de que se trate.

La democracia participativa como se le llama a esta última, se manifiesta en nuestro tiempo por referendos, plebiscitos y otros mecanismos de participación mediante los cuales el pueblo es consultado en asuntos de interés nacional y está habilitado constitucionalmente para expresarse. Es una forma de participación de base comunitaria, en el ámbito de la sociedad civil.

La democracia participativa permite aprovechar la capacidad y la experiencia acumulada de la ciudadanía, desarrolla sus capacidades, mejora la calidad de las relaciones sociales y permite resolver los conflictos políticos a través de la consulta popular, legitimando las bases del régimen político. Por ello, un sistema concreto de democracia participativa puede basarse en ideas y métodos provenientes de distintas vertientes ideológicas y políticas.

Pero la democracia puede analizarse también desde la perspectiva de la llamada modernidad, en la cual, según Allan Touraine han imperado dos concepciones de democracia que es posible definir contraponiéndolas: la democracia liberal y la democracia revolucionaria. La primera, según este autor, privilegia el mercado, los contratos, las transacciones y la información "que los actores sociales y económicos necesitan para hacer elecciones racionales y negociables, reduciendo lo más posible la intervención del poder político". La segunda, la democracia revolucionaria, ligada a transformaciones profundas de la sociedad que permitan organizarla racionalmente, de tal manera que pueda tutelar los intereses de cada uno sobre la base del principio de igualdad (Igualdad y Diversidad, 1998). En todo caso, la experiencia del pasado siglo y la de lo que va del presente no ha sido muy alentadora. El hecho real es que por sobre los proyectos de emancipación de los pueblos, no han podido construirse sociedades verdaderamente democráticas que garanticen el cumplimiento de sus aspiraciones.

La crisis de la democracia ha sido un componente de la crisis del capitalismo y del modelo neoliberal. Lo que hemos observado en América Latina en las dos últimas décadas y lo que está ocurriendo en Europa son manifestaciones de la misma. En América Latina en las tres últimas décadas las políticas neoliberales generaron pobreza, violencia, corrupción, impunidad, exclusión, endeudamiento y profundizaron las grandes desigualdades sociales que hoy caracterizan los países latinoamericanos, con la excepción de Cuba, que tiene la sociedad más igualitaria de la región y experimentan nuevas formas de organización política.

Los regímenes políticos, los sistemas electorales, los partidos políticos, los liderazgos tradicionales latinoamericanos dejaron de ser los instrumentos de legitimidad de los gobiernos y la democracia perdió credibilidad como una forma de organización de la sociedad capaz de producir bienestar, justicia social y equidad.

El camino de construcción de sociedades democráticas sigue siendo escabroso. El bien público, el bienestar de la gente y los derechos ciudadanos no figuran en la agenda de las transnacionales y de las oligarquías que controlan la riqueza y los recursos de los pueblos. Es más, no necesitan de la democracia auténtica sino de su apariencia. Son los pueblos, los excluidos, los marginados, los explotados y oprimidos los que necesitan de ella y los únicos capaces de promoverla.

CONCLUSIONES

1. La crisis de la democracia es un fenómeno que se experimenta en la mayoría de los países desarrollados y subdesarrollados del mundo occidental. Los sistemas políticos y los partidos han perdido legitimidad, ya no son los instrumentos de mediación entre la sociedad y el Estado, como consecuencia, las personas están perdiendo interés en la política, en los procesos electorales y votan cada vez menos.

2. La democracia tradicional, corrompida por el poder del dinero, entró en esta situación bajo el impacto del neoliberalismo, que ha invadido todos los espacios de la vida social, incluida la política, con la con la consiguiente pérdida de legitimidad de los gobiernos.

3. Los parlamentos o congresos, con auténtica representación popular, partidos con definidas posiciones ideológicas, con propuestas coherentes, con espacios abiertos para las organizaciones de los trabajadores, de las mujeres, de la juventud, y debates serios en torno a los problemas nacionales, prácticamente no existen.

4. El neoliberalismo han puesto su sello en la política y en el terreno propiamente electoral impuso su concepto del marketing, en la que se vende todo, comenzando con la imagen de los candidatos, como se vende cualquier otra mercancía.

5. Los votos tienen ahora un precio establecido en los reglamentos electorales. Las campañas se han vuelto costosísimas y los empresarios ven en las mismas una inversión rentable. Nadie sino los ricos pueden hoy aspirar con garantías a los cargos de elección popular y los pobres tienen que buscar un apadrinamiento que los lleva a hipotecar su independencia respecto a los primeros.

6. El financiamiento privado ha llevado a los empresarios a ocupar espacios importantes en los gobiernos y desde los mismos promover los proyectos neoliberales, siendo

esta una de las fuentes desde las que se alimenta la corrupción y la impunidad.

7. El desprestigio de la política y de los políticos es un componente esencial de la crisis de la democracia liberal, lo que tiene que ver con el divorcio de la política de la ética y con la incapacidad de la democracia de dar respuesta efectiva a los problemas relacionados con el bienestar de los pueblos.

8. La lucha de la ciudadanía por nuevas formas de organización política, por hacer realidad el principio de que la soberanía reside en el pueblo, de la que emanan los poderes del Estado, choca inevitablemente con los intereses del capital que reduce los procesos electorales a un juego entre los grupos de las elites económicas y políticas.

Compañero Félix:

He leído con detenimiento y me han encantado dos obras muy importantes del escritor y periodista hondureño, Félix Ovidio Cubias. **"Ventana de papel"** que se centra en una serie de artículos publicados previamente en **"Diario Tiempo"** que relatan y analizan la vida política y social contemporánea de Honduras. Además **"El Socialismo Real"**, una obra histórica y política que aborda y analiza lo que fue el socialismo de la antigua Unión Soviética desde sus inicios hasta su eventual caída, pasando por la revolución cubana y el estudio de los movimientos de gobiernos progresistas que han tenido lugar en América Latina, desde el surgimiento del liderazgo del presidente Hugo Rafael Chávez Frías en La República Bolivariana de Venezuela bajo la bandera del Socialismo del Siglo XXI.

Considero ambos libros muy importantes y los recomiendo. **"Ventana de Papel"** para conocer la realidad política de Honduras en las últimas décadas y **"El Socialismo Real"** para conocer la historia de lo que realmente fue el Socialismo soviético y además para entender con mayor claridad el concepto de Socialismo del Siglo XXI.

En este momento, el autor nos presenta una nueva obra de análisis político titulada: "**Democracia, realidad o formulismo**". Le damos la más cordial bienvenida a este nuevo proyecto literario, de análisis político y esperamos que tenga la misma aceptación y transcendencia que las anteriores. Enhorabuena por el nacimiento de: "**Democracia, realidad o formulismo**" y muchas felicidades al creador de esta nueva obra, escritor y periodista hondureño, mi compañero de lucha y amigo, Félix Ovidio Cubias.

Lucy Pagoada-Quesada, Maestra, defensora de los Derechos Humanos, activista social y política. Coordinadora Oficial del FNRP/Partido LIBRE, EE. UU-Canadá.

Desde Honduras damos la bienvenida al libro "Democracia, Realidad o Formulismo" escrito por nuestro camarada Félix Ovidio Cubías.

RED COMPAS
Red de Comunidades populares en Acción Social

Equipo Cachiguaina y Cooperativa Mixta L.B.C
Comandos Populares "Lorenzo Zelaya" (CPLZ)
Escuela de Estudios de Acción Popular. Helen Umaña

Un saludo fraterno y solidario
Iris Janet Pineda Paz
Ramón Urbina

¿Por qué soy patrocinador de este libro?

Primero: porque conozco al autor, es un escritor
honesto, progresista y que conoce los temas
que trata a favor de los pueblos oprimidos.

Segundo; El libro Democracia, Realidad o Formulismo,
nos ilustra y nos guía y por esto lo recomiendo a
nuestros familiares y amigos su lectura, sobre todo a
la comunidad Garinagu en mi patria Honduras. Estoy
convencido que en la medida que nuestros pueblos
tomen conciencia de su misión histórica para liberarse,
en esa medida a través de libros como este que hoy doy
mi respaldo alcanzaremos un sitial digno y respetado.

Licenciado Cándido Castro
Garinagu hondureño

Nuestros guías son Joseph Sartuye y Morazán

Comandante: Le felicito por su libro
Democracia, Realidad o Formulismo,
para nosotros el pueblo hondureño y la
comunidad Garinagu será de gran ayuda.

Bernardo Guerrero
Garinagu hondureño

El poeta Marco Tulio del Arca, hondureño,
autor de varios libros y director de la sección
cultural del periódico Jambalaya News en Estados
Unidos se expresa en los siguientes términos:

Aquí el escritor se brinda sincero, objetivo y solidario.
Es un analista concienzudo y comprometido con esa
etapa de la formación económica que se perfila a través
del desarrollo de la producción. Es una obra llena
de honestidad. Una enseñanza de la teoría política
del siglo XXI y por supuesto una audacia nacida del
estudio y la investigación científica. Felicitaciones
caro y dilecto formador de sueños e ideales.

Marco Tulio del Arca

Que viva la Democracia.

Krizia Alessandra Robledo

Le felicito por su reciente libro Democracia,
Realidad o Formulismo.

María P. Molina

Me siento orgullosa de tener un hermano
como escritor capaz y honesto.

Filena C. Mazier

Los pueblos necesitan libros como Democracia,
Realidad O Formulismo para entender cómo deben
lograr la felicidad y fusiles para saber cómo defenderla.

Ramón Urbina

El colectivo del Partido Libertad y Refundación LIBRE D-19 y el Frente Nacional de Resistencia Popular en New Orleans saludan la llegada del libro Democracias: ¿Realidad o Formulismo? Escritor hondureño Félix Ovidio Cubias

Francisco Flores Amaya
Sub- coordinador.

La Fundación Amigos de Nuestra América (ANA) defensores de los derechos humanos con sede en New Orleans, Louisiana da un saludo fraterno al libro Democracia: ¿Realidad o Formulismo? De nuestro compañero Félix Ovidio Cubías

Francisco Flores Amaya
Vicepresidente ANA

Como obrero constructor del Socialismo me siento contento de poder saludar la llegada del libro Democracias: ¿Realidad o Formulismo? De nuestro camarada Félix Ovidio Cubias, escritor honesto identificado con los anhelos del pueblo hondureño. Estoy seguro que este libro será de gran ayuda para elevar nuestro nivel de conciencia.

Francisco Flores Amaya
Migrante hondureño